어머니의 정원

선유미 네 번째 시집

| 격려사 |

지혜의 샘을 발견하는 詩

자연과 사물에서 느끼는 생각의 우물 안에서
만들어낸 작가님의 주옥같은 시를 읽다보면
지혜의 샘을 얻을 수 있어서 감사드립니다

우리의 삶을 돌아보면 고난과 영광의 삶 속에서
깨닫지 못한 것도 많습니다 그런데 작가님은
담백한 시어로 풀어내어 표현하니
시를 읽는 독자들에게 쉽게 다가갈 수 있고
큰 울림으로 다가와서 너무 감동입니다

작가님이 쓰신 시집을 많은 분들이 읽고
하나님이 계획하시고 이끄시는 비전을 발견하는
귀한 시간이 되기를 기도합니다
네 번째 시집 출간을 축하드리며
더욱 성장하는 귀한 작가님이 되시길 바랍니다

부산평강교회 목사 정학송

| 시인의 말 |

나이 더할수록 부모님 생각에

"미아, 착하게 살아라.
착하게 살면 반드시 귀한 열매가 있단다".
제가 시집갈 때 어머니가 저에게 하신 말씀입니다.
그때는 나이가 어려서 그 말뜻을 잘 몰랐지만
환갑이 지난 지금은 어머니가 하신 말씀을 깨닫습니다.

프랑스 파리로 여행 갔을 때
화려한 루브르 박물관을 방문하고 부모님 생각을 많이 했답니다.
부모님 모시고 왔으면 얼마나 좋았을까?
파리 풍경도 고풍스럽고 아름다웠지만 박물관은
더 멋지고 근사해서 혼자 보기에는 너무도 아까웠습니다

한국문단을 이끌어가는 지은경 박사님을 만나게 된 것도
하나님의 은혜입니다.
네 번째 시집을 묶으면서 가족들을 돌아보게 되었습니다
사랑하는 부모님께 이 시집을 바칩니다.
감사합니다.

　　　　　　　　　　　　　　　　2025년 가을 경주에서
　　　　　　　　　　　　　　　　　한별 선유미 시인

선유미 네 번째 시집 / 어머니의 정원

격려사

시인의 말

1부 부채

숲길에서	12	축복	25
손녀 만나러 가는 길	13	정신	26
단추의 봄날	14	추억의 해운대에서	27
아버지	15	모자	28
어머니의 정원	16	오늘을 사는 것	29
자화상	17	늙은 호박	30
스카프 속 하얀 마을	18	창작의 기쁨	31
동래시장	19	엉게나무집	32
숲으로 들어가면		어머니와 도토리	33
어머니 향기가 난다	20	시인의 하늘	34
크리스마스 선물	21	프리다 칼로의 자화상	35
부채	22	민족시인 윤동주	36
나의 문학과 삶	23	등반가 고미영	37
탱자나무	24	다산 정약용 선생	38

2부 백두산 천지에서

새해에는	40	오월의 장미	60
첫눈 내린 1월	41	벚꽃나무 아래서	61
새해의 기도	42	비 오는 오월	62
금계국	43	오월	63
동백꽃	44	메리골드의 하루	64
여수의 풍경들	45	벚꽃 길	65
동백차	46	수변공원에서	66
왕거미	47	칠월의 숲	67
백두산 천지에서	48	여름 소나기	68
수선화	49	장마	69
용두산 공원에서	50	학교의 풍경들	70
오월의 숲	51	가을	71
삼산 커피빈에서	52	가을날 숲길에서	72
늦가을 풍경	53	겨울 산에서	73
여름 숲에는	54	겨울의 꿈 이야기	74
꽃병을 바라보며	55	아름다운 성전에서	75
금오산에서	56	북구청의 가을	76
봄	57	눈 오는 풍경	77
봄비	58	겨울에 핀 매화	78
사월의 숲	59		

3부 로마의 봄

경포대에서	80	뉴욕 맨해튼에서	89
모나리자	81	스위스 인터라켄에서	90
루체른 호수에서	82	할리우드의 풍경들	91
로마의 봄	83	취리히의 봄	92
속초 영랑호에서	84	파리 세느강변에서	93
예당호에서	85	프라하의 겨울	94
아름다운 별 카노푸스	86	대한항공의 고마움	95
제주도의 봄	87	신의 왕국 앙코르와트	96
야쿠츠크의 겨울	88		

4부 여름 편지

개미의 왕국	98	오늘 하루	107
담쟁이의 꿈	99	내장산의 추억	108
단양 카페산에서	100	작가의 고독한 삶	109
은혜동의 친구들	101	친구가 선물한 시계	110
모교에서	102	스타벅스 별다방에서	111
여름 편지	103	해운대역에서	112
여행은 창작의 모태	104	성탄절을 보내면서	113
겨울밤	105	한 해를 돌아보면서	114
H.S 박물관에서	106		

해설
감정의 여백, 회상의 미학　　　　　　**지은경**　115

1부 부채

숲길에서
손녀 만나러 가는 길
단추의 봄날
아버지
어머니의 정원
자화상
스카프 속 하얀 마을
동래시장
숲으로 들어가면 어머니 향기가 난다
크리스마스 선물
부채
나의 문학과 삶
탱자나무
축복
정신
추억의 해운대에서
모자
오늘을 사는 것
늙은 호박
창작의 기쁨
엉게나무집
어머니와 도토리
시인의 하늘
프리다 칼로의 자화상
민족시인 윤동주
등반가 고미영
다산 정약용 선생

숲길에서

숲으로 열린 길을 걸으면
유년의 추억이 피어난다

할머니 정성이 담긴
주먹밥을 먹으며
숲길을 걸었던 기억들

아카시아 꽃향기
온 숲을 적실 때
그리운 할머니 보고 싶은 날
홀로 아득한 숲길을 걷는다

손녀 만나러 가는 길

봄 향기 가득한 꽃길이 열리는
따사로운 봄날
사랑스런 손녀가 태어났다

지수 심장소리를 들으며
지극정성으로 키웠더니
첫돌이 되어 기쁨으로 돌아왔다

들꽃이 황금빛으로 출렁이는
사월의 봄길을
사랑이 핏줄이 되어
찾아온 손녀 만나러 가는 길이다

단추의 봄날

화려한 단추는
오늘이 봄날입니다

수많은 단추들의 축복 속에서
새로운 가정이 탄생하는
기쁨과 사랑이 충만한 날

결혼식 날 차려진
귀한 음식으로 식사합니다

외출할 때 대접받고 사는
단추의 삶이 봄날입니다

아버지

아버지는
오랜 세월 내 눈물 속에 살고 있었다
내 눈물 속에서
별이 되어 명왕성보다 더 빛나고
토성보다 더 깊은 우주가 되어 살고 있었다

아버지가 꿈꾸는 사회는
자본주의를 초월하는 봄길이었다
인간의 가치와 존중이 살아 있는
따사로운 봄길

아버지의 깊은 심장을 타고 흐르는
사랑은 내 삶의 뿌리가 되고
울 아이들 미래의 등불이 된다

어머니의 정원

팔순 넘은
어머니가 살고 있는
어머니의 정원
봄이 되면 희고 고운 장미가
등불을 피우고 연이어 스르륵 피어나는
영산홍과 철쭉

어머니의 웃음과 눈물이
맺혀 있는 꽃밭은
어머니의 삶이고 인생이었다

아프고 힘들 때마다
이 정원에 나와서
마음을 위로받으셨던
나의 어머니

오랫동안 잊고 지냈던
어머니의 정원에 들어오니
한결같은 어머니의 사랑이
봄꽃들과 어우러져 웃고 있었다

자화상

외모 지상주의가 깃대를 흔드는 시대
작은 키는 사춘기 때 큰 절망이었다
물려받은 DNA, 미래의 운명이니
최선을 다하는 인생이 내 생존의 전략
로마의 유적지를 돌아보니 세상은 크고 경이로움
그 자체이며 더없이 큰 우주였다
세계를 여행하며 누리는 풍요로움!
잊을 수 없는 추억의 뒤안길로
감사와 기쁨이 출렁거린다
펜대를 흔들고 있는 사유의 우물에서
시의 푸른 알맹이를 건져올린다

눈시울 적시는 감동이 글을 쓰게 한다
내 마음을 타고 흐르는 시상의 끝자락에서
뜨거운 자화상을 만난다
눈부신 한 생애를 만난다

스카프 속 하얀 마을

아직 포장하지 않은
스카프 속 하얀 마을에 첫눈이 내렸다

내 유년의 골짜기를 푸르게 젖고 있는
저 아름다운 눈길
일곱 난쟁이가 살고 있는 동화 속
작은 마을에도 첫눈이 내렸다

아직 밟지 않은 왕자의 성으로 달려가는
일곱 빛깔의 고운 무지개
동구 밖 대추나무에 하나씩 걸어두고
내 유년을 키우던 것은 할머니의 젖은 손이었다

젖은 얼굴들이 옹기종기 모여 큰 바위를 이루고
삽작문 열고 나가면 연둣빛으로 풀리는
목덜미가 뽀얀 마을

내 목선을 휘감고 있는 눈부신 스카프
당신은 내 아름다운 유년의 사랑이었다

동래시장

팔순 넘은
어머니를 따라간
시장 어귀에는
비릿한 바다 냄새가 난다

좌판에서 생선을 팔고 있는
중년의 아주머니
투박한 손이 보인다
손바닥으로 흐르는
인생의 고단한 흔적들

이마에는 땀방울이 맺힌
그녀는 어머니를 바라보며
싱싱한 꽃게를 보여준다

꽃게를 잘 다듬어
풍성한 저녁 만찬을
준비해 주신 어머니

맛깔스런 꽃게탕은
우리 가족의 귀한
일용할 양식이다

숲으로 들어가면 어머니 향기가 난다

고단한 몸과 마음을 이끌고
숲으로 들어가면 어머니 향기가 난다

"항상 착하게 살아라" 하신
어머니 말씀이 숲의 메아리가 되어
나에게 돌아온다

세상에서 병든 심령을 치료하고
회복시키는 숲의 신비로운 생명력

오늘도 고단한 삶의 무게를
내려놓고 나는 숲으로 들어간다
숲으로 들어가면 어머니 향기가 난다

크리스마스 선물

울 아버지 아끼시는
소나무에 트리를 만들어
동생들과 보냈던
즐거운 크리스마스!

크리스마스이브 날
귀한 선물 한 아름
우리에게 풀어주신 울 아버지

보랏빛 꿈과 사랑이 듬뿍 담긴
아버지의 깊은 사랑

지금 손녀 바라보며
울 손녀에게 줄
크리스마스 선물을 생각해 본다

부채

유럽에서 구입한 부채를 바라보니
공작새가 날개를 펴고 날아간다
화려한 날개 안에는
온 우주가 살고 있다

문학소녀였던 나는
동물원으로 소풍을 가면
공작새를 타고
세계일주하는 꿈을 꾸었다

화려한 부채를 바라보니
공작새를 많이 닮았다
온 우주에 사는 수많은 별들을
품고 사는 귀한 공작새

어느새 공작새는 부채 안으로
들어가더니 백년의 세월이 흘렀다

나의 문학과 삶

손바닥을 타고 흐르는
깊은 강물을 바라본다

나의 추억 속에 살고 있는
수많은 고전문학, 귀한 시집들
그리고 백석 시인의 아름다운 사랑이야기
아직도 나를 심쿵하게 한다

세계 구석구석 여행 다녔던 청년시절
방학이 시작되면
하루 종일 도서관에서 문학전집과 살았던
나의 귀여운 사춘기 시절

지금 내 손바닥 안에는
60년 내 인생이 오롯이
큰 강물이 되어 흐르고 있다

탱자나무

외갓집
탱자나무 노랗게 익어가는
금호강 둑길

유년시절
기침이 심해지면
레드향을 말려서
약차로 끓여주셨던 할머니

탱자나무에서 떨어진
탱자를 구슬치기하며
놀았던 기억들…

유년의 추억이
사랑으로 박힌
고마운 탱자나무!

축복

외할머니 돌아가시고
내 마음에 큰 호수가 생겼다
호수 안에서
봄 여름 가을 겨울을 보내며
시를 쓴다

아침이면 호수주변을 산책하며
고요한 시상 떠올리고
밤이 되면 하늘의 별을 바라보며
시를 쓴다

그리움으로 하얗게 물이 든
하늘을 품고
시를 쓴다

정신

춥고 어두운
정신의 벌판에 서서
썰물처럼 빠져나간
눈부신 알맹이를 찾아 나선다

눈비 맞은 아침을 헹구어
팔뚝에 걸고
목이 쉰 바람을 끌어안고
침묵하는 바위와 어깨를 나란히하고

날개를 걸어줄
신새벽을 찾아나서는
이 춥고 어두운 정신의 벌판에 서서

추억의 해운대에서

그리운 친구들이
추억으로 머물고 있는
해운대 바닷가…

40년 전
울창한 해운대 숲에서
아바의 '댄싱 퀸'을 들으며
음악편지 보냈던
그 시절이 너무 그립다

지금 해운대는
화려한 빌딩숲이 되어
추억과 낭만은 사라지고
아파트 켜켜이 간판들이
등불을 밝히고 있다

모자

출렁거리는 추억이 쌓여 있는
눈부신 모자 속에는
아름다운 여름 향기가 남아 있다

코발트 빛깔로 시를 쓰는
시인의 어깨가 흔들리고
연분홍빛으로 풀어놓은
그리움은 시인의 고독한 섬이다

고요한 수면 위로
여름이 곰삭은 모자 속에는
해맑은 거울 하나
추억의 느낌표를 찍었다

오늘을 사는 것

오늘을 사는 것 축복이다
확장된 삶을 불러오는
자유함은 건강해야 누리는 기쁨

비가 오는 날
빗소리 들으며 고요를 즐기고
눈이 오는 날
깊은 산속으로 들어가
깊은 잠을 자고
햇볕 쨍쨍 맑은 날
바다가 보이는 해변으로 달려가
하늘처럼 맑은 푸른 꿈을 꾼다

오늘을 사는 것
심쿵한 행복을 불러오는
마법의 열쇠이다

늙은 호박

담벼락에 업혀서
황금빛으로 익어가는
늙은 호박이 복스럽다

어린 시절 할머니는
"입맛 없을 때 호박죽이 최고다"
아픈 손녀를 위해
지극 정성으로 호박죽을 끓여주셨다

환갑을 맞이한 지금
그리움 깊어지는 할머니 사랑
나도 호박처럼 늙어간다

창작의 기쁨

하늘의 수많은 별들이
내 마음에 쏟아지면
기쁨이 충만해집니다

무한대로 뻗어나가는
상상력은 오늘도 내일도
끝없이 펼쳐지는 우주의 끝자리

창작의 고통을 이겨내고
새로운 한 편의 시로 완성해가는
고독한 즐거움

오늘도 눈시울 적시는
감동으로 찾아온 별들과 함께
한 편의 시를 건져 올립니다

엉게나무집

아홉산 숲에서
흘러나오는 피톤치드
바람이 살며시 내려와
쉬고 있는 대청마루

아버지 팔순!
눈인사 나누는 핏줄들
눈썹 짙은 대나무 설교를 시작한다
가족의 긍휼을 구하며

고요한 향기가 흐르는
400년 깊은 숲
숲이 전설이 되어
엉게나무집을 포근하게 감싼다

어머니와 도토리

가을 하늘에서
뚝,
떨어진 도토리를 주워서
머그잔에 담아 두었다

올망졸망 귀여운 도토리를
한참 바라보니
내 생일날 도토리묵을
만들어 주셨던 어머니!
어머니 생각이 많이 난다

지금 팔순이 넘은 어머니는
딸이 해주는 생일밥을 드시며
활짝 웃으신다

시인의 하늘

시인의 하늘에는
맑은 고독이 흐른다

홀로 긴 밤을 지새우며
알맹이로 단단해진
시상의 끝자락

시인의 영혼에는
맑은 눈물이 흐른다

정결한 마음으로
다듬어진 시들이
원고지를 채워 나가고

성령 안에서
빚어진 아름다운 시들이
화려한 날개를 펴고
온 우주로 날아오른다

프리다 칼로의 자화상

누워서 그림을 그리는
그녀의 자화상 안에는
깊은 바다가 흐른다
슬픔이 바다가 되어
그림 속으로 피어오른다
핏줄이 물방울이 되어 꽃으로 피어난다

수많은 고통과 고난 속에서
인내하며 빚어내는 자신의 자화상
그림으로 승화시킨 고독한 성찰의 삶
그녀의 삶이 진정으로 위대하고 또 위대하다

민족시인 윤동주

인왕산 숲길에서
윤동주 시인을 만났다

식민지로 사는 것은
피를 흘리며 사는 노예의 삶이다
나라를 잃은 조선의 시인들이
마루타 되어 죽었다

인왕산을 타고 흐르는
하늘의 고함소리, 폭포의 한숨소리,
나무의 울음소리
다정하게 머리를 헤아리고 말을 건넨다

고단한 마음이 쉬어가는
알맹이 깊은 시를 쓰라고
숲의 바람은 메아리가 되어 울린다

시심을 깨우는 숲길에서
윤동주 시인을 만났다

등반가 고미영

히말라야 최고봉인
에베레스트 산은
수많은 영웅들을 품고 산다
흰 눈으로 덮여있는 고독한 산
위엄과 웅장함이 살아있는 산

사람들은
누구나 자신의 길을 걷는다
고미영 등반가는
산악인의 길을 걸었다
그녀는 꿈을 이루고 살았기에
행복한 죽음을 맞이한 것이다

산은 우리의 삶과도 많이 닮았다
산은 힘들게 올라가는 나를 바라보며
웃는다
나도 산을 내려가며 웃는다

다산 정약용 선생

다산초당이 열리는
만덕산 깊은 골

인생의 고난 속에서
제자들을 키우며
저술활동을 했던
정약용 선생은
조선의 대학자였다

월출산 아래
향기 깊은 녹차를 마시며
선생이 남긴 업적과
인격을 그리워한다

새해에는
첫눈 내린 1월
새해의 기도
금계국
동백꽃
여수의 풍경들
동백차
왕거미
백두산 천지에서
수선화
용두산 공원에서
오월의 숲
삼산 커피빈에서
늦가을 풍경
여름 숲에는
꽃병을 바라보며
금오산에서
봄
봄비
사월의 숲

2부 백두산 천지에서

오월의 장미
벚꽃나무 아래서
비 오는 오월
오월
메리골드의 하루
벚꽃 길
수변공원에서
칠월의 숲
여름 소나기
장마
학교의 풍경들
가을
가을날 숲길에서
겨울 산에서
겨울의 꿈 이야기
아름다운 성전에서
북구청의 가을
눈 오는 풍경
겨울에 핀 매화

새해에는

새로운 해가
어둠을 몰아내고
신비로운 아침을 밝힌다

해의 눈에는
신령한 기운으로 차오르고
해의 심장에는
가슴 벅찬 사랑이 흐른다

새해에는
푸른 꿈과 열매들이
주렁주렁 열리는
한 해가 되기를 소망한다

첫눈 내린 1월

새해 아침
까치가 와서 울더니
첫눈이 내렸다

눈 내리는 소리
자작나무 타는 풍경으로
들려온다 타닥타닥

새해가 되니
내 마음도 투명하다

희망찬 1월
꿈과 사랑이
첫눈과 함께
내 마음에 내렸다

새해의 기도

신령한 은혜가 넘쳐흐르는
은혜홀

기도가 충만할 때
맑은 눈으로 세상을 바라보며
밝은 마음으로 시를 씁니다

새해 아침
기도의 열매들이
사랑의 알맹이가 되어
성전 안으로 쏟아집니다
또르르 톡톡…

금계국

남원대교 더 넓은 초원
금계국으로 펼쳐진
황금빛깔의 아름다운 길

이 길을 걸으면 걸을수록
마음은 호수처럼 깊어지고
하늘은 한없이 높아집니다

두통이 심한 날
금계국으로 만든 약차를 마시며
고단한 일상을 보내고
희망의 내일을 꿈꿉니다

동백꽃

한겨울
눈비 맞으며
불꽃심장을 피워 올리는
동백의 순수한 눈망울

관포지교로
아름다운 교제를 나누는
동박새의 힘찬 발걸음

동백꽃의 고고한 자태는
추운 겨울을 이기며 피어나는
신비로운 자연의 섭리입니다

여수의 풍경들

항일암에서 맞이한
일출은 경이로움 그 자체였다

두 손 모아 간절히
기도하는 기도소리
파도소리와 어우러져
여수바다를 합창하고 있다

깊은 바다가 출렁거리는
해물탕 속에는
여수의 풍경과 향기가
맛깔스럽게 익어간다

동백차

동백꽃이
붉은 심장으로 박힌
오동도 숲길

고즈넉한 찻집에서
동백차를 마시며
추억에 잠긴다

한 방울 두 방울
내 심장을 소생시키는
부드러운 약차

동백꽃이 아름다운
여수의 오동도가
내 마음의 별이 되어
사랑으로 스며든다

왕거미

아침 산행 길
나무 사이로
마주친 왕거미

발을 헛디뎌 거미줄에 빠지면
헤어날 수 없는 파리 목숨
왕거미는 포식자이다

우리의 삶에도
거미와 같은 포식자들이
지뢰와 같이 깔려있다
조심하고 또 조심해야한다

오늘도
왕거미는 집채만 한
거미줄을 치고
먹잇감을 기다리고 있다

백두산 천지에서

민족의 성산
백두산 천지에는
귀한 인연이 어우러져
따뜻한 체온을 나눈다

바람을 등에 업고 가는
수많은 여행객들이
백두산 천지에 모여
감동과 기쁨을 흘려보낸다

천지에서 흐르는 맑은 물은
두만강을 타고 압록강을 휘돌아
서울 한강으로 쏟아진다

내 심장을 타고 흐르는
천지의 물방울이
대한민국을 살리는
민족의 혼불이며 겨레의 사랑이다

수선화

눈빛이 선하고 맑은
수선화

선비의 고고한 자태로
초승달 뜨면
달빛 아래 시를 짓고
보름달 뜨면
황금빛으로 불 밝히는
아름다운 수선화

생동하는
아침의 푸르름 속에서
신비롭고 그윽한 향기로
호수공원을 푸르게 적십니다

용두산 공원에서

금정산맥 줄기를 타고 내려오는
이 땅의 민족혼이 살아 움직이는
용두산 공원
추억이 역사를 타고 흘러간다

남포동 부영극장
친구들과 본 '로미오와 줄리엣'
비극의 대서사시
수다 속으로 흐르는
국제시장의 아름다운 풍경들

민족의 태양이며 겨레의 영광인
충무공 이순신 장군!
장군의 용맹과 충절이
부산 앞바다를 지키고 있다

오월의 숲

생명이 자라는 오월의 숲
적막한 숲을 지키고 있는
수리부엉이, 올빼미, 소쩍새

오월의 숲에는
꿈을 꾸는 청년들의 심장이 뛰고
길을 열어주는 하늘의 신령한
은혜도 넘쳐난다

우리 모두
오월의 숲으로 달려가자
젊고 패기 넘치는
숲의 기운을 듬뿍 받자

삼산 커피빈에서

따사로운 봄날
삼산 커피빈에서
카페라떼를 마신다

라떼의 향기 속에는
소중한 추억들이
몽글몽글 피어오르고

커피빈에서 흘러나오는
새소리
빗소리 들으며
오늘 하루를 보낸다

늦가을 풍경

가을비 내린 후
늦가을 풍경은 외롭고 쓸쓸하다

대나무 숲에서
바람이 지나가면
잠시 머물던
새들이 날아간다

입동 지나고
찬바람 부는
늦가을 풍경이 외롭고 쓸쓸하다

여름 숲에는

초록 잎사귀
반짝이는
여름 숲에 들어오면
풀냄새, 바람냄새 코끝을 적십니다

비 개인 오후
청명한 숲은 나에게 속삭입니다
"날마다 새로워져라
 날마다 건강해져라
 날마다 행복해져라"

매미들 요란스런 합창을 부르는
여름 숲에는
아름다운 진귀한 보물들이 가득합니다

꽃병을 바라보며

화사하고 아름다운 꽃들을 바라보며
행복한 봄을 보냈다

뜨거운 여름이 지나고
가을이 되니
눈부신 꽃들은 다 땅으로 돌아가고
오롯이 열매만 꽃병에 남았다

물을 주지 않아도
열매들은 불평 한마디 하지 않고
그 자리를 지키며 잘 살아간다

도토리 열매, 망개 열매
그리고 동백씨앗들

희고 투명한 꽃병 안에는
생명이 숨 쉬는 열매들이
따사로운 봄날을 기다리며
서로를 위로하며 침묵하고 있다

금오산에서

소나무 우거진
금오산을 오릅니다

한 걸음 한 걸음 옮길 때마다
산자락을 덮고 있는 안개기둥들

용맹한 장군의 기운이 금오산을 덮고 있었다
금오산성에서 나라를 지켰던 정기룡 장군!

새소리, 바람소리, 물소리, 진동하는
숲속의 아름다운 풍경들

날마다 새로워지는
새사람이 되는
신비로운 아침을 맞이하며
금오산을 오릅니다

봄

봄비에 젖은
향기로운 꽃잎들

그리운 추억은
빗물에 잠기고

꿀벌 윙윙거리는
꽃잎 속에는

봄이 오는 소리
나지막이 들린다

봄비

봄비 내리는 수정마을
온종일 연못 속에서
합창하는 개구리 가족

부끄러워
고개 숙이는
동백꽃의 하얀 눈망울

논두렁 아래
쑥 캐는 아낙네들
향긋한 봄 향기 몰고 오는
새파란 새순들

봄비 내리는 아침
희망이 춤추는 봄이다

사월의 숲

하늘도
별도
사랑도 쉬어가는
사월의 숲은 향기롭다

부드러운 새순이
연초록으로 피어나고
봄꽃들이 춤추며
기지개 켜는 사월의 숲

사월의 숲은
향기 가득한
보물창고이다

오월의 장미

오월의 햇살 아래
꽃의 여왕으로 칭송받는
장미는 오월의 태양이다

고혹한 아름다움으로
지나가는 발걸음을
멈추게 하는 장미

주위를 압도하는
카리스마로 오월의 들판을
평정한 그대를
꽃의 여신으로 불러 주리라

벚꽃나무 아래서

뽀얀 꽃잎이 춤추는
사랑이 피어나는
아름다운 사월

새벽이슬 먹고 자란
눈부신 꽃의 생애를 바라본다

어김없이 봄은 향기롭고
연분홍 치마 흔들며
지나가며
흥겨운 노랫말을 남긴다

하늘 은총으로 피어난 꽃잎은
온 생애를 불태워 그 세월을 견디고

첫사랑으로 피어난 그리움도
흔적 없이 사라지는 봄날
단지 쓸쓸한 마음 안에는
소중한 추억들이 나비되어 날아다닌다

비 오는 오월

금요일 아침
후두둑 비가 내린다
병원에서 약 짓고
동네산책을 나간다
도로변 가게에는
손님을 기다리는 사장님의
한숨소리가 들린다
"오늘 또 비 오네 큰일이네"
손녀가 다닌 유치원에는
아이들은 보이지 않고
빗방울이 열심히 유치원 마당을
쓸고 있다

빗소리 들으며 걷는다
톡톡톡, 찰랑찰랑
이팝나무 촉촉한 머릿결을 흩날리고
오월의 먹구름 사이로
하늘색 땡땡이만 가득하다
마법과 같은 하루가 펼쳐지는 오늘
정겨운 이웃이 살고 있는 동네를
빗방울과 장단을 맞추며
신나게 걸어간다

오월

아카시아, 장미가
순백의 향기로 깊어진 오월

우주의 별들이 꽃으로 차오르는
오월의 호수공원
사랑과 존경이 쌓이는
감사가 충만한 계절이다

차르르
차르르
비단치마 입은
꽃들이
꿈을 꾸는
눈부신 축제가 열리는
사랑이 춤추는
아름다운 오월

메리골드의 하루

찰랑찰랑 봄비가 지나간 자리
아파트 구석진 외진 곳
시멘트 바닥에서
꽃을 피우는 메리골드가 대견스럽다

아름다운 일몰이 지나간 자리
화사한 꽃을 피우며
눈부신 아침을 노래한다

요란스러운 번개가 지나간 자리
지독한 고난을 이겨낸
저만치 활짝 웃고 있는
메리골드의 하루

벚꽃 길

황홀한 꿈길을 찾아가는
아름다운 벚꽃 길

지구촌은
코로나19 전염병으로
삶과 죽음의 귀로에 서 있는데

사월의 봄은
눈부신 축제를 열고 있다

새하얀 꿈길을 찾아온
벚꽃은
우아한 드레스를 차려입고
춤을 추고 있다

수변공원에서

장맛비 내리는
수변공원
활짝 핀 연꽃을 바라보니
세상 근심 걱정이 말끔히 사라집니다

수많은 미생물과 플랑크톤이 자라는
수초 가득한 연못 속에는
여름비를 맞으며 즐거워하는
개구리, 송사리가 아우성이고
햇볕 쨍쨍한 날
입고 있던 옷도 훌훌 벗어 던지고
일광욕을 즐기는 풀벌레들…

오늘 하루도
감사함으로 살아가는
이 작은 연못에는
죽어가던 생명이 다시 살아나는
가슴 벅찬 감동이 별빛이 되어 쏟아집니다

칠월의 숲

여름 숲에
떨어지는 빗줄기는
풍요로운 생명수

호수공원을 타고
흐르는 빗줄기
소금쟁이, 물잠자리, 물방개
따뜻하게 품고 산다

땅바닥에서
널뛰기하는 물방울들
흙냄새 풍기는
빗길을 걸으며 추억에 잠긴다

여름 소나기

번개가 지나간 뒤
엄청난 소나기가 내린다

대학 시절
도서관에서 읽었던
릴케의 시집과 고전들

소나기 내리면
산과 들에는 윤기가 흐르고
강물은 내 키만큼 깊어지고
내 마음은 빗물에 잠긴다

장마

나무숲에 쏟아지는 빗줄기는
땅의 뿌리까지 스며든다

남편은 울릉도로 여행 가고
아들은 제주도로 휴가 가고
나 홀로 등불을 켜고
고요히 글을 쓰고 있다

천둥과 번개가 지나가는
빌딩 숲
시편 말씀 묵상한다
말씀이 걸어 다니는
생각이 우거진 작업실

학교의 풍경들

밤이 되면
하늘에서 용들이 내려와서
춤을 추는 학교 풍경들

학교는 나무만 자라는 것이 아니다
아이들의 인성도 자라고
언어도 자라고
몸과 가치관도 자란다

이팝나무에
하얀꽃이 피면
밤마다 아이들의 상상과 꿈들이
무르익어 학교 운동장에는
푸른 열매들이 주렁주렁 열린다

가을

봄에는
새순이 피어나는
경이로움으로 가득했는데

가을은
나를 돌아보는 고독이
한꺼번에 밀려온다

모든 것이 익어가는 계절
튼실한 열매들이
환희로 가득한 가을

감사와 은혜가 충만한
가을 하늘은 우주보다
더 깊고 푸르다

가을날 숲길에서

낙엽이 쏟아지는
숲길을 조용히 걷고 있다

산 그림자 산자락에 걸려 있고
바람이 불때마다
서로 약속이나 한 듯
꽃송이처럼 쏟아지고 있다

낙엽 하나에 사랑이 담겨 있고
낙엽 하나에 꿈이 담겨 있고
낙엽 하나에 인생이 담겨 있는
이 눈부신 가을날…

구름도
하늘도
별도
고요히 잠든 이 시간에
추억을 담은 가을이
소리 없이 조용히 지고 있다

겨울 산에서

낙엽이 깔린
비단길을 걸으며
사색에 잠깁니다

하늘호수에 잠긴
깊은 산들

붉은 심장 안으로
산과 하늘이
길이 되어 흐릅니다

겨울의 꿈 이야기

겨울은 매일 꿈을 꿉니다
비가 오는 날에는
빗방울을 바라보며 꿈을 꾸고
눈이 오는 날에는
하얀 눈을 맞으며 꿈을 꿉니다

겨울은
한 뼘씩 자라는 꿈을 바라보며
세월이 흘러가도
꿈을 이루는 기쁨을 누립니다

오늘보다 내일의 꿈이
더 커지고 깊어지는
꿈꾸는 겨울이 아름답습니다

아름다운 성전에서

젖과 꿀이 흐르는 가나안 땅
성지로 축복하신 기름진 평야
아브라함 후손들이 뿌리내리고
살아가는 아름다운 성전

눈부신 햇살에 물든 성전기둥들
말씀을 타고 흐르는 기도의 열매들이
단상에서 빛이 나는 거룩한 성전

수많은 보석들이 성전 안에 가득합니다
기도를 타고 흐르는 아름다운 빛깔들
루비, 다이아몬드, 사파이어
이 풍성한 열매들이
제 빛깔대로
제 모양대로
제 형편대로
성전 안에서 아름다운 보석으로
다시 태어납니다

북구청의 가을

국화향기 진동하는 북구청에서
그대에게 편지를 씁니다

잉크를 찍어
쓰는 편지지마다
맑은 눈물도
파란 호수가 되어
상상의 기쁨이 됩니다

호수 안에서
꽃을 피우는
희고 고운 꽃망울들

이 가을을 보내기 아쉬워
저리도 아름다운 향기가 되어
눈부신 자태로 피어납니다

눈 오는 풍경

북한산 아래
산사에서 목탁소리
고요하게 울려 퍼지며
바람 타고 춤추며 내리는 눈꽃송이
축복입니다

눈 오는 풍경이
아름다운 것은
신비로운 하나님의 세계
창조의 원리가
북한산 아래
눈 오는 풍경으로 피어오릅니다

겨울에 핀 매화

첫눈 내리는 이른 아침
매화가 화사한
꽃을 피우고 있다

북구청 뜰에는
때 이른 꿀벌들이 날아와
새해 인사를 나누는
정겨운 풍경의 봄날이다

매서운 겨울을 견디며
군자의 도리를 깨우치는
향기로운 매화가
북구청 뜰을 밝히고 있다

3부 로마의 봄

경포대에서
모나리자
루체른 호수에서
로마의 봄
속초 영랑호에서
예당호에서
아름다운 별 카노푸스
제주도의 봄
야쿠츠크의 겨울
뉴욕 맨해튼에서
스위스 인터라켄에서
할리우드의 풍경들
취리히의 봄
파리 세느강변에서
프라하의 겨울
대한항공의 고마움
신의 왕국 앙코르와트

경포대에서

빗방울이
내 눈물을 적시는
아름다운 경포대

경포호수에 잠긴
보름달은
내 슬픔의 무게보다
더 깊은 불을 밝히고

관동팔경의
빼어난 풍광이
한 편의 시로
다시 태어납니다

모나리자

파리 루브르 박물관에서 만났던
모나리자

부드러운 색채와 명암위로
떠오르는 어머니의 미소
세상에서 가장 아름다운 얼굴
나의 어머니!

귀하고 좋은 것 아낌없이
내어주시는 어머니의 사랑
잔잔한 감동이 되어 밀려온다

파리 루브르 박물관에서 만났던
모나리자는
어머니의 행복한 미소였다

루체른 호수에서

신령한 우주의 별들이 차오르는
스위스 루체른 호수

비가 쏟아지는 날
희고 고운 백조들이
호수 안에서 춤을 추고 있다

호수를 타고 흐르는
스위스의 영광과 비전들

하나님의 평강이 쏟아지는
호수에는
추억이 사랑이 되어 흐르고 있다

로마의 봄

책의 향기가
폭포수로 쏟아지는
바티칸 도서관

꿈의 성지인
책의 왕국에서
로마의 문학을 읽는다

로마의 풍경이
로마의 역사이고 철학이다

로마의 봄은
화사한 문장으로
새 옷을 갈아입는다

속초 영랑호에서

영랑 호수에 잠겨 있는
매서운 범바위

웅크린 호랑이 형상으로
속초를 지키고 있는
무사와 같이 우직하다

아름다운 단풍잎을 안고
달빛 속에서 흔들리는
설악산의 깊은 풍경들

신비로운 아침이 열리고
호수 안에는
눈물 적시는 가을이
그리운 얼굴들을 몰고 온다

예당호에서

울창한 숲을 이루고 있는
예당호
수많은 백로들이 날아오르는
신비로운 버드나무 숲

크고 작은 물고기 사이로
가냘픈 치어가 꼬리를 흔들고
지나가는 깊고 아름다운 호수

예당호
호수길을 산책한 그날은
마음이 깊어지는
행복한 날이다

아름다운 별 카노푸스

천문에 박식했던 세종대왕은
제주도로 출타하시면
카노푸스 별을 보고자 열망했다

크고 아름다운 신령한 별
한라산에 오르면
누구나 볼 수 있는 귀한 별이다

삼매봉 정상에서 바라보면
서귀포 야경이 한눈에 들어오고
그 수평선 위로 떠오르는 카노푸스

하늘이 열리는 새해
신령한 카노푸스를 바라보며
마음 가득 희망을 키우자

제주도의 봄

추억과 사랑이 은빛 파도를 타고
몰려오는 제주도의 봄

매끄러운 몸매를 자랑하는
은빛갈치가 봄 바다를 요란스럽게
집어삼키더니
일용할 양식으로
채워진 갈치조림

주기도문으로 기도를 마친
저녁식탁에는
제주 은빛바다가
폭포수가 되어 흐르고 있다

야쿠츠크의 겨울

야쿠츠크에는 끝없이 눈이 내린다
끝이 보이지 않는 길 속에서 하루를 살고
끝이 보이지 않는 눈 속에서 세월을 보낸다
토끼는 얼어서 동화 속에서 깊은 잠을 자고
거북이는 얼어서 천년을 살고 있다

생각도 얼어서 다보탑으로 쌓이고
추억도 얼어서 고독의 안방이 된다
인생도 거꾸로 흘러 유년 시절로 돌아간다

야쿠츠크의 긴 겨울보다
더 깊은 마을 안에는
눈썹이 하얀 내가
얼음 호수가 되어 살고 있다

뉴욕 맨해튼에서

뉴욕
맨해튼 깊은 숲

허드슨강을 따라 흐르는
아일랜드 숲에는
미국 아이들의 꿈이 우주처럼 커진다

뉴욕
맨해튼 깊은 숲에는
까치와 비둘기가
새해를 열어간다

스위스 인터라켄에서

알프스 산봉우리
깊은 계곡을 타고 흐르는
튠호수에 잠긴 신비로운 인터라켄

빅토리아 호텔에서
호사를 누리고
올라간 융프라우요흐

한국의 신라면을 만난 그 감격은
아직도 내 심장 한켠에
등불이 되어 흐르고 있다

할리우드의 풍경들

인간의 고뇌와 슬픔을
영화로 빚어내는
미국의 할리우드

로데오 드라이브 베벌리힐스에서
미국의 문화와 삶을 느끼며
아들과 남편을 생각한다

로데오 거리는
푸르고 깊은 하늘이 내려와
산책길을 동행하니
마음이 고요한 천국이다

보트를 타는 젊은이들
베니스 비치에 걸려있는
노을이 내 눈을 적신다

감사기도를 마치고 나니
미국 할리우드 밤은 깊어간다

취리히의 봄

취리히의 봄은
지상에서 꿈꾸는 낙원
리마트강변에서 쏟아지는
별들을 바라보며 시를 씁니다

취리히 호수 근교
레스토랑에서 남편이랑
치즈로 만든 라클렛을 먹으며
여행의 기쁨을 누립니다

취리히의 봄은
상상이 기쁨이 되는
눈부신 꽃길입니다

파리 세느강변에서

파리의 동맥인
세느강변을 걷는다

빗방울이 눈물이 되어
흐르는 세느강

추억 속에 머물고 있는
나의 봄날도 빗소리와 함께
세느강을 따라 흐르고

내 눈물의 뿌리보다
더 깊은 세느강이
파리 풍경을 푸르게 적시고 있다

프라하의 겨울

프라하에서
맞이한 겨울은 따뜻했다

창문마다 맺혀있는 눈꽃들
추억이 익어가는
아름다운 마을

볼타강을 타고 흐르는
함박눈은
세월을 타고 역사를 타고
흘러간다

프라하에서 맞이한
겨울 속에는
유년시절 그리운 추억들이
눈송이가 되어 쏟아진다

대한항공의 고마움

비행기를 탈 때마다
새로운 비전과 꿈을 꾸며 살아간다

꿈이 현실이 되는 위대한 상상을 하며
즐거운 마음으로 비행기에 오른다

대한항공 덕분에
세계를 품고 누비며 다닌다

새로운 땅에서
멋진 작품을 쓰고
그들의 삶과 문화를 배우며
더 나은 미래를 소망하며 살아간다

신의 왕국 앙코르와트

크메르 왕조의 거대한 왕국
앙코르와트

폐허 속에서
새겨진 부조 위로
우주의 기운이 닿는 순간
경이로운 감동이 흐른다

억겁의 시간을 품은
신들의 부드러운 미소

흐르는 찰나 속에서
지금의 태양이 비추는
신비로운 호수는
캄보디아 미래를 품고 있다

4부 여름 편지

개미의 왕국
담쟁이의 꿈
단양 카페산에서
은혜동의 친구들
모교에서
여름 편지
여행은 창작의 모태
겨울밤
H.S 박물관에서
오늘 하루
내장산의 추억
작가의 고독한 삶
친구가 선물한 시계
스타벅스 별다방에서
해운대역에서
성탄절을 보내면서
한 해를 돌아보면서

개미의 왕국

이른 아침
산에 오르다
개미의 왕국을 발견했다

개미의 왕국에 존재하는
카스트제도
평생 일만하다 죽는 노예개미
부지런히 집안일을 돌보는 일개미
왕좌의 자리를 우아하게 지키는 여왕개미
개미의 사회는 철저한 계급사회였다

우리의 삶이 고단하고 힘들어도
성실하게 가족을 돌보며 사는 것은
행복한 가정의 기준이 된다

산길에서
개미의 왕국을 들여다보며
한 가정을 이끌고 사는
우리의 삶이 축복이고 기쁨이다

담쟁이의 꿈

물 한 방울 없는
시멘트벽을 타고 오르는
담쟁이의 고단한 삶을 바라본다

시멘트벽 그 끝에는
담쟁이가 꿈꾸는 오아시스
초목이 우거진 초원이 기다리고 있다

태풍이 몰아치면 몸을 낮추어 엎드리고
비가 오면 비를 맞으면서
열심히 벽을 타고 오르며
비상을 꿈꾼다

담쟁이는 오로지 한 가지
목표만 바라보며
오늘도 내일도
지상낙원을 향한 정진만 할 뿐이다

담쟁이의 꿈은
끝없이 펼쳐진
푸르른 초원에서 자유함을 누리는 것이다

단양 카페산에서

카페산에서
창문을 열고 하늘을 올려다보니
열정이 넘치는 청춘들이
남한강을 굽어보며
멋지게 날아오른다

패러글라이딩에 몸을 의지하고
비상하는 청년들이여
소백산 정기를 받고 힘차게 일어나소서

꿈이 있어 아름답고
소망이 있어 자유로운
이 땅의 청년들이여!
아침의 푸른 기상으로
날마다 새롭게 도전하소서

은혜동의 친구들

은혜동
투명한 아파트마다
사랑이 흐르는 눈부신 얼굴들…

낡은 벽돌 사이로
새로운 하루가 시작되고
계단을 밟고 걸어갈 때마다
인사를 나누는 정겨운 이웃들

멋쟁이 날개옷을 즐겨 입는 영훈이 엄마
패션의 거리 파리가 거울 속에서
걸어 나오고
글을 쓰는 이해숙 씨
수필의 첫 장을 풀어내기 위해
컴퓨터 앞에서 눈부신 아침을 열고 있다
시를 쓰는 나는
화려한 수식어를 은혜동에 풀어 놓고
시의 알맹이만 담아내는
두 문장으로
또 한 편의 시로 비상을 꿈꾸고 있다

모교에서

비어서 아름다운
학교 운동장

친구들과 교정을 거닐며
문학을 사랑했던
여고 시절

십자가 동산에 올라가
눈물 흘리며 간절히 기도했던
단발머리 귀여운 소녀들

환갑을 보내고
찾아온 나의 모교
친구들의 안부가
그리워진다

여름 편지

소나기 그친
소나무 그늘 아래 앉아
다정한 그대에게 편지를 씁니다

안부가 궁금해서
촘촘히 적어 내려가면
멀어서 그리운 얼굴은
어느새 함박꽃으로 피어납니다

여기 날씨가 덥다고
소나기 젖는 날이 많다고…
마음을 담은 편지지 안은
치자빛 노을로 물이 듭니다

안녕이라는 부드러운 미소로
인사를 하면
소나기 젖은 여름 향기가
열정으로 춤추고 있습니다

여행은 창작의 모태

여행은 또 다른 나를 만나는 설레임입니다

하나님이 축복한 땅 유럽
동유럽의 아름다운 자연은 마음이 쉬어가는
정거장이고, 서유럽의 멋진 건축은
창작의 모태가 됩니다

여행의 축복은
내 영혼이 살찌는 풍요로움
영원히 늙지 않는 사랑입니다

여행은
과거, 현재, 미래에도
영원히 죽지 않는
창작의 모태가 됩니다

겨울밤

함박눈 날개치며 내리는
고요한 겨울밤이
내 마음을 적신다

별빛이 쏟아지는
지난 꿈같은 세월이
아름답고 복된 날이었다

지금 마음 안에는
눈꽃이 피어나
온 마음이 순결한 꽃밭이다

새해에는
거룩한 성령님
내 마음의 등불이 되기를
간절히 기도한다

H.S 박물관에서

아침에 눈을 뜨면
숲으로 우거진
박물관에서 하루를 열어간다

수많은 고서들이 진리를 깨우고
끈끈한 핏줄이 나눔을 실천하는
아름다운 박물관

꽃단장 마친 갤러리는
이슬 머금은
그림들이 화려한 비상을 꿈꾸고
향기로운 책들은 비단으로
새 옷을 갈아입는다

오늘 하루

글이 안 풀리고
답답할 때마다
태화강 둑길을 걸어간다

강둑에 나와서
갈대숲을 바라보며
온갖 시름을 달랜다

걸을수록 하늘은 높아지고
가을은 깊어가고
바람소리 오늘따라 정겹다

태화강 둑길을 걸으면서
시상을 떠올린다

내장산의 추억

내장산
단풍숲으로 들어가니
가을 속으로 흘러가는 무희들

가을 축제가 열리는
아름다운 산
감동과 경이로움이 교차하는
눈부신 장군봉

내장산 정상
일상의 고단함 다 잊어버리고
단풍숲과 한마음으로 흘러간다

작가의 고독한 삶

어지럽게 펼쳐 놓은 세기말 유럽의 근대사
그녀는 매일 신문을 오려 붙이며
감동이 사라진 오늘의 신문을 부지런히
헹구어내고 있다

화려한 수식어가 어울리지 않는
백자처럼 청아한 그녀의 우아한 자태
사랑과 꿈을 찾아나서는 영원한 로맨티스트

그녀의 어지러운 하루가
내 일상의 먼지 묻은 땟자국을
말끔히 씻어내고 있다

소중한 것 지키지 못하고 살아가는 수많은 사람들
우리가 살아간다는 것은 하나님이 우리에게
한 약속처럼 떠나갈 때 아름다운 향기를 남기는 것

향기로운 그녀의 눈부신 하루가
온 뜰을 적시고 있다
눈물빛 사랑으로 쏟아지고 있다

친구가 선물한 시계

하루의 삶
단 일분도 낭비하지 않는
시계를 바라보니
친구가 그리워진다

10년 동안 보관한 골동품이 된 시계
한참 잊고 살았다
디자인이 심플한 고급시계는
친구가 유럽으로 출장 가서
선물한 것이다
장미, 금계국이 핀 호수공원을
거닐며 시계를 바라본다

햇볕 뜨거운 산그늘 아래
고마운 친구의 사랑이
호수공원을 타고 흐른다

감사가 넘치는 유월이다

스타벅스 별다방에서

음악이 피어나는
바다가 보이는 푸른 언덕
하늘이 내려와
인사하는 아름다운 별다방

팝송 들으며
대학을 다녔던 그 시절
꿈처럼 지나간 아름다운 시간들
추억 속에 살고 있는
음악이 그립고 그립다

꿈이 피어나는
해와 별이 잠든 별다방에 앉아
향기 그윽한 커피를 마시며
봄날 같은 추억에 잠긴다

해운대역에서

해운대
사랑이 수런거리고
추억이 피어오른다

파도 타고
깔깔거리던 수다 속에는
맑은 청춘이 피어나
아름다운 꽃밭이다

단발머리 귀여운 얼굴들
김밥과 삶은 계란을 나누어 먹었던
배고픈 낭만의 시절…

지금은 무얼하며 지내는지?
기차가 지나간 철로위로
봄날의 햇볕처럼
친구들의 얼굴이 빛나고 있었다

성탄절을 보내면서

크리스마스 캐럴 들으며 보낸
아름다운 성탄절

베들레헴 작은 골
예수님 탄생을 기뻐하는
다정한 종소리
온 세계로 울려 퍼지고
온 세상은 예수님 사랑이 가득합니다

포근한 꿈길 위로
예수님 십자가가
우리의 가는 길을 따사롭게 비추어 줍니다

한 해를 돌아보면서

365일을 돌아보니
느린 거북이처럼 살아온 삶이
부끄럽고 아쉽지만
오늘을 열심히 살았습니다

성탄의 기쁨도
칸타타의 공연도 연기처럼 사라지고
주님의 십자가 부둥켜안고
하루를 묵상합니다

다가오는 새해에는
열심히 달려가는 큰 희망과
꿈을 품고
감사와 기쁨이 함께 하는
새해가 되기를 기도합니다

해설

감정의 여백, 회상의 미학
- 선유미 시인의 시세계

지은경 (시인 · 문학평론가 · 문학박사)

1.
 현대사회는 공동체 해체가 확연히 드러나면서 다시 가족 단위로 회귀의 흐름을 보여준다. 자유주의와 개인주의를 보완하는 공동체주의(Communitarianism)가 대안으로 부상했으나 현실에서 무너지는 조짐이 강하게 드러나고 있다. 정치적 이념이 양극화되고 공동체의 대화공간이 투쟁의 전장으로 변질되면서 상호신뢰보다 진영 내 결속만 강화되는 현상이 발생하는 상황에서 사람들은 관계는 많지만 정서적 지지의 깊이는 얕아지면서 다시 "가족"으로 시선을 돌리는 현상이 뚜렷이 나타나고 있다. 이는 단순한 회귀라기보다 최후의 신뢰 단위로서 가족이 다시 부각되고 확산되는 양상이다. 이는 냉소적으로 보일 수 있지만 인간이 신뢰 구조를 침식당하면 가족이라는 세계가 남게 될 수밖에 없다는 진단이다.

  선유미 시인의 시집 『어머니의 정원』은 개인적 삶의 이야기(story, narrative)와 "나는 누구인가(Who am I?)"라는 정체성을 형성해 나가는 관점을 드러낸다. 특히 가족애 즉 부모와 자식 간의 애정을 중심으로 쓴 시들이 꽤 많다. 그의 시를 보면서 사랑, 윤리 등이 인간관계의 맥락을 부모가 자식을 사랑으로 대해야 한다는 부모의 사랑이 한 인간을 도덕적으로 바르게 형상화하는 것을 보게 된다.

  가족은 도덕적 삶의 기초 단위이다. 일찍이 헤겔(G.W.F. Hegel 1770~1831)은 가족을 '사랑(love)'으로 특정 지으며 개인과 집단의 긴장 속에서 가정은 윤리적 역할을 한다고 보고 있다. 아일랜드의 소설가이며 철학자인 아이리스 머독(Iris Murdoch1919~1999) 역시, 윤리철학에서 사랑(attentive love, attention to the other)의 개념을 매우 중요하게 다루는데, 그의 관점도 가족 간의 사랑은 도덕적 삶의 핵심 부분이 될 수 있음을 밝히고 있다.

2.

  심리학에서 가족은 "사랑의 학교이자 용서의 공간"이라고 말한다. 인간은 그 안에서 자신이 완전하지 않음을 배우고 서로의 불완전함을 받아들이는 연습을 한다. 철학자 마르틴 부버(Martin Buber)는 "인간은 '너'라는 관계 안에서만 '나'가 된다."고 말한다. 나이 들어 가족과 함께하는 시간은, 곧 '나'의 존재를 다시 확인하는 시간이 된다. 연륜이 더해가면서 가족의 사랑은 단순한 정이 아니라 존재를 지탱해주는 밀접한 관계가 됨을 확인하게 된다.

   팔순 넘은
   어머니가 살고 있는
   어머니의 정원
   봄이 되면 희고 고운 장미가
   등불을 피우고 연이어 스르륵 피어나는
   영산홍과 철쭉

   어머니의 웃음과 눈물이
   맺혀 있는 꽃밭은
   어머니의 삶이고 인생이었다

   아프고 힘들 때마다
   이 정원에 나와서
   마음을 위로받으셨던
   나의 어머니

   오랫동안 잊고 지냈던
   어머니의 정원에 들어오니
   한결같은 어머니의 사랑이
   봄꽃들과 어우러져 웃고 있었다

                              - 시「어머니의 정원」전문

   위의 시는 어머니를 소재로 따뜻하고 진정성 있는 마음을 열어 보여준다. 「어머니의 정원」은 한 편의 서정시로 회상과 헌사의 결을 동시에 지니는 모성성을 지닌다. 정원이라는 구체적 공간 속에 어머니의 삶과 위로의 시간이 녹아있는 작품이다. 이 시의 중심 주제는 정원에 투영된 어머니의 삶과 사랑이 확연히 드러난다. 어머니의 정원에서는 '장미와 영산홍과 철쭉'이 순서대로 피어나는 곳이다. 이곳은 단순한 식물의 공간이 아니라 어머니가 자신의 생애와 감정을 심고 가꾼 마음의 자리로 상징되고 있다. 시인은 그 정원에 들어서면 "한결같은 어머니의 사랑"을 마주하게 된다. 자연의 순환 속에서 모성의 영속성을 발견하는 시라 할 수 있다. "희고 고운 장미가/ 등불을 피우고"는 이미지와 표현이 아름다운 은유로 표출되고 있다. 장미의 꽃망울을 '등불'에 비유함으로써 어머니의 삶이 어둠 속에서도 꺼지지 않는 빛과 따스함의 상징으로 표현된다. "영산홍과 철쭉// 어머니의 웃음과 눈물이/ 맺혀 있는" 이 부분은 화자의 감정이 절묘하게 배어 있다. 시의 흐름은 "현재의 시점에서 과거를 회상하며 깨달음의 순환 구조를 보인다. 마지막 행의 "봄꽃들과 어우러져 웃고 있었다"는 이 부분은 시간의 경계를 넘어선 모성의 지속성을 잘 보여주는 부분이다. 이 시는 모성을 상징하는 시로 완성도가 높다. 어머니의 손길이 닿은 정원은 곧 삶의 흔적과 세월의 정직한 기록이 되고 있다. 담백한 언어로 깊은 울림을 주는 점이 돋보이는 시이다. 시 「숲으로 들어가면 어머니 향기가 난다」에서도 "항상 착하게 살아라" 하신 어머니의 말씀을 시화하고 있어 일맥상통한다.

    숲으로 열린 길을 걸으면
    유년의 추억이 피어난다

    할머니 정성이 담긴

주먹밥을 먹으며
숲길을 걸었던 기억들

아카시아 꽃향기
온 숲을 적실 때
그리운 할머니 보고 싶은 날
홀로 아득한 숲길을 걷는다

— 시 「숲길에서」 전문

　위 시는 '숲길'이라는 공간을 매개로 유년의 기억과 그리움을 소환하는 과정이다. 표면적으로는 단순한 회상의 장면으로 보이지만 그 안에는 시간의 흐름 속에서 변하지 않는 정情의 향기가 은은히 배어 있음을 보게 된다. 이 시는 현재의 숲길에서 과거의 추억을 반추하고 있으며 다시 현재의 숲길로 돌아오는 순환 구조를 취하고 있다. 기억의 회로를 따라가는 듯한 인상이 독자에게 자연스럽게 회귀적 정서를 불러일으키게 한다. 2연에서 "할머니 정성이 담긴 주먹밥"은 따뜻한 시각적 촉각적 이미지로 정서의 중심을 이룬다. 3연의 "아카시아 꽃향기/ 온 숲을 적실 때"는 청각적 이미지 대신 후각적 이미지를 통해 시간의 계절감과 감정의 깊이를 확장시켜준다. 이 시는 전체적으로 언어가 절제되어 있으며 과장 없이 순수한 회상시의 이미지를 미학적으로 살리고 있다. 주제는 유년의 기억을 매개로 한 그리움과 상실의 정서이다. 마지막 행의 "홀로 아득한 숲길을 걷는다"는 부분은 외로움 속에서도 기억이 곁을 지켜주는 듯한 잔잔한 여운을 남긴다. '아득한'이라는 시어가 시간과 공간의 거리감을 담고 있어 시 전체의 정서를 압축적으로 마무리한다. 이 시는 유년의 추억과 세월의 흐름을 소박한 언어로 엮어낸 서정시로 화려하지 않으면서 삶의 향기와 정이 담뿍 담긴 정직한 시이다. 할머니라는 인물은 단순한 그리움의 대상이 아니라 기억의 원천이자 정서의 뿌리로 작용하고 있다.

　　봄 향기 가득한 꽃길이 열리는
　　따사로운 봄날
　　사랑스런 손녀가 태어났다

　　지수 심장소리를 들으며
　　지극정성으로 키웠더니
　　첫돌이 되어 기쁨으로 돌아왔다

　　들꽃이 황금빛으로 출렁이는
　　사월의 봄길을
　　사랑이 핏줄이 되어
　　찾아온 손녀 만나러 가는 길이다

　　　　　　　　　　- 시「손녀 만나러 가는 길」전문

　화자의 손녀에 대한 따뜻하고 생명의 기쁨이 고스란히 느껴지는 시이다. 시「손녀 만나러 가는 길」은 한 가정의 축복스러운 순간을 담담히 그리면서 세대의 이어짐과 사랑의 순환을 자연과 계절의 이미지 속에 녹여낸 아름다운 서정시이다. 이 시의 핵심은 새 생명의 탄생과 그로 인한 사랑의 확장을 보여준다. 봄이라는 계절의 생명력과 손녀의 탄생이 계절과 겹쳐지며 한 생명이 또 다른 생명으로 이어지는 자연의 순환이라는 주제가 자연스럽게 시로 형상화된다. 2연 1행의 "지수 심장소리를 들으며"에서 '지수'라는 손녀의 이름을 구체적으로 넣음으로써 시적 현실감이 생긴다. 언어의 이미지가 돋보이는 부분은 "봄 향기 가득한 꽃길"과 "들꽃이 황금빛으로 출렁이는 사월의 봄길"로 계절의 감각을 시각적 후각적으로 풍부하게 표현하며 독자가 그 따스함을 함께 느끼게 한다. 3연 2행의 "사월의 봄길"로 시가 마무리되면서 자연과 생명의 조화를 통한 완결감을 보여주는 시이다. 4연 2행의 "사랑이 핏줄이 되어 찾아온 손녀"는 혈연의 물리적 의미를 넘어선 사랑의 영속성을 시적으로 압축해낸 문장이다. 이 구절이 시 전체의 정서를 정점으로 끌어올리고 있다. 단순한 일반 서정시를 넘어 가족서사시적 정서가 더해진다. 소박한 언어 속에 진심의 온기가 느껴진다. 위 시는 탄생의 순간이 성장의 기쁨을 가져오고 만남의 길로 진행된다. 즉 시간의 흐름에 따라 사랑의 깊이가 확장되는 구조이다. 이 시는 생명과 사랑, 그리고 세대의 연속성을 화려한 수사 없이 담백하게 표현한 작품이다. 앞의 시는 「어머니의 정원」에서 손녀의 사랑으로 이어지는 가정의 일상이 따뜻한 진심이 자연스럽게 배어 있는 시로 감정이 절제되어 있으면서 보편적 인간의 기쁨으로 확장되는 점이 인상적이다.

아버지는
오랜 세월 내 눈물 속에 살고 있었다
내 눈물 속에서
별이 되어 명왕성보다 더 빛나고
토성보다 더 깊은 우주가 되어 살고 있었다

아버지가 꿈꾸는 사회는
자본주의를 초월하는 봄길이었다
인간의 가치와 존중이 살아 있는
따사로운 봄길

아버지의 깊은 심장을 타고 흐르는
사랑은 내 삶의 뿌리가 되고
울 아이들 미래의 등불이 된다

— 시 「아버지」 전문

　위 시는 매우 따뜻하면서도 철학적인 헌사시이다. 단순한 회상이나 가족의 정서에 머물지 않고, 아버지의 정신을 하나의 우주적 가치로 확장하는 시라는 점이 포인트이다. 아버지에 대한 개인적인 기억이 우주적 상징으로 표현되고 사회적 이상이 세대의 전이로 이어지는 구조를 지닌다. 정서의 흐름은 1연에서 "눈물 속의 아버지"를 통해 그리움과 존재의 내면화를 보여준다. 2연에서는 아버지가 꿈꾸었던 윤리적 세계관을 밝히며, 개인적 정서의 아버지를 사회적 정서인 '정신의 아버지'로 확장시키고 있다. 3연에서는 그 정신이 화자의 삶과 다음 세대의 가치로 이어지는 전이를 보여준다. 즉, 이 시는 한 인간의 기억 속의 아버지에서, 인류애적 아버지로 확장되는 여정이다. 1연에의 "명왕성보다 더 빛나고/ 토성보다 더 깊은 우주"에서 감정의 크기가 우주적 비유로 표현한 시적 언어가 독특하다. 2연의 "자본주의를 초월하는 봄길"은 현실비판을 함축하면서, 동시에 '따뜻한 인간애'를 상징적으로 보여준다. 마지막연의 "아버지의 깊은 심장을 타고 흐르는/ 사랑은 내 삶의 뿌리가 되고/ 울 아이들 미래의 등불이 된다"
시적 화자의 시선이 사적 감정에서 사회적 성찰로 넓어지며, 정신적 유산을 '등불'로 맺는 마무리가 단정하고 깊은 울림으로 전해진다. 아버지는 가족 관계의 한 구성원을 넘어 정체성·권위·보호·거리감이 뒤섞인 상징적 존재로 이해된다. 프로이트는 어머니가 생명과 감정의 근원이라면 아버지는 법과 질서의 상징으로 본다. 아버지는 세상의 질서를 배우게 하고 전해주는 존재라는 것이다. 융(Jung)도 아버지를 '정신적 스승'으로 내면의 지혜와 권위의 상징으로 보았다. 화자의 「아버지」 시는 인간은 성장하면서 아버지를 통해 자기 안에 '내적 아버지'를 형성하여 사회구성원으로 발돋움하여 나가게 한다.

3.
발달심리학에서 한 개인의 정체성은 자기 정체성 위기를 예술적 활동을 통해 예술과 종교 등이 자아를 탐색하고 표현하는 매체로 조정해 나갈 수 있다고 강조한다. 삶의 사건과 고통 등이 시간이 흐르면서 정체성이 형성된다고 주장과 일맥상통한다. 삶의 고통과 상실을 견디기 위해 인간은 예술에 기대어 '의미'를 재생산한다. 인간의 자아 형성과정은 한 인간이 '나'라는 의식을 어떻게 갖게 되고, 그것을 어떻게 성숙시켜 영향을 미치는가이다. '나'를 깨닫는 발달의 여정은 프랑스의 정신분석학자 쟈크 라캉의 거울단계로 설명할 수 있다. 아이가 거울 속의 자기 모습을 보면서 처음으로 자기를 인식하는 과정이다. 그러나 이 '나'는 완전한 자아가 아니라 타인의 시선을 통해 만들어진 이미지이다. 이 자아는 타자의 인정을 통해 처음 생겨난 것이다. 이와 같이 인간은 타자의 시선을 통해 성숙과정을 거치면서 자기성찰을 통해 도덕적 주체성을 갖게 된다. 경험을 통해, 관계형성을 통해 사유하는 주체로서 자아를 확립해 간다. 여기서 자아는 고정된 자아가 아니라 의식과 인식의 과정을 통해 성숙해 지고 조화롭게 결합하여 평화를 창출하는 정체성으로 확립된다.

외모 지상주의가 깃대를 흔드는 시대
작은 키는 사춘기 때 큰 절망이었다
물려받은 DNA, 미래의 운명이니
최선을 다하는 인생이 내 생존의 전략
로마의 유적지를 돌아보니 세상은 크고 경이로움
그 자체이며 더없이 큰 우주였다
세계를 여행하며 누리는 풍요로움!
잊을 수 없는 추억의 뒤안길로
감사와 기쁨이 출렁거린다
펜대를 흔들고 있는 사유의 우물에서
시의 푸른 알맹이를 건져올린다

눈시울 적시는 감동이 글을 쓰게 한다
내 마음을 타고 흐르는 시상의 끝자락에서
뜨거운 자화상을 만난다
눈부신 한 생애를 만난다

― 시 「자화상」 전문

시 「자화상」은 자기 존재의 성찰'을 중심으로, 개인의 한계와 성장, 그리고 예술적 자각의 순간을 통찰력 있게 표현한 시이다. 내용과 어조, 사유의 깊이가 앞의 시들보다 철학적으로 한층 성숙해 있다. 시인은 '외모 지상주의'라는 현실의 벽에서 출발해 '세계의 경이로움'과 '자기 내면의 예술혼'으로 나아가며, 물리적 한계를 넘어선 정신의 자유를 노래하는 것이 중심 주제이며 자기 극복과 예술적 각성의 과정을 보여주는 시로서 이 작품은 '작은 키'라는 사춘기의 콤플렉스를 인간 존재의 숭고한 자각과 예술적 탄생으로 승화시킨 성찰의 시이다. 시 첫 행 도입부에서 "외모 지상주의가 깃대를 흔드는 시대"라고 사회 비판적 인식을 강하게 드러낸다. 개인적인 정서를 사회적 차원으로 확장시킨다. "물려받은 DNA, 미래의 운명이니 최선을 다하는 인생이 내 생존의 전략"이라며 담대한 어조로 자조와 의지를 함께 품은 인식적 언어로 표출한다. "펜대를 흔들고 있는 사유의 우물에서 시의 푸른 알맹이를 건져올린다"는 부분은 이 시의 핵심 구절이다. 창작의 행위를 '사유의 우물'과 '푸른 알맹이'라는 은유로 형상화한 부분이 매우 뛰어나다. 시적 이미지와 내적 긴장이 잘 어우러진 문장으로 전체적으로 철학적 밀도를 높여준다. 시의 전개는 외모중심사회라는 현실인식에서 개인의 콤플렉스를 인지하고 세계 여행과 삶의 경이로움을 탐색하는 과정에서 사유의 우물은 시적 결실로 가져온다. 그 결실은 자기발견으로 이어져 진짜 자화상을 그리게 된다. 위 시는 단순한 자전적 서정시를 넘어 삶과 예술, 그리고 자아를 그려낸 존재론적 시이다. 이 시는 고백에서 통찰로 확장되는 여정을 담고 있다. 결국 인간 존재의 현실적인 모습은 자기사랑과 예술적 열정에 있다는 결론으로 이끌어낸 수작이다. 이 시는 단순한 자기 고백을 넘어 인간의 내적 성장 서사로 완성시키고 있다.

누워서 그림을 그리는
그녀의 자화상 안에는
깊은 바다가 흐른다
슬픔이 바다가 되어
그림 속으로 피어오른다
핏줄이 물방울이 되어 꽃으로 피어난다

수많은 고통과 고난 속에서
인내하며 빚어내는 자신의 자화상
그림으로 승화시킨 고독한 성찰의 삶
그녀의 삶이 진정으로 위대하고 또 위대하다

– 시「프리다 칼로의 자화상」전문

위 시는 인물시이다. 화가 프리다 칼로라는 예술가의 내면세계를 통해 한 인간의 고통을 통과한 예술의 승화를 탐구한 작품이다. 프리다 칼로(1907~1954)는 "고통 속에서 자아를 창조한 여성의 미학"으로 표현할 수 있다. 그녀의 그림은 단순한 자화상이 아니라 육체의 상처와 정신의 상처를 예술로 승화시킨 화가이다. 6세에 소아마비가 되었고 18세에 교통사고로 장애자가 되는 고통 속에 시달린다. 그의 200여 작품 중 절반 이상이 자화상이다. 그녀는 "나는 나 자신을 그린다. 내가 가장 잘 아는 대상이 나이기 때문이다."고 말한다. 그의 그림은 단순한 자화상이 아니라 자신의 존재증명이며 내면의 일기인 셈이다. 이 시는 삶이 곧 예술이 된 화가에 대한 이야기는 화자에게 깊은 명상과 사색의 길을 열어준다. 시는 짧은 행간 속에서 고통은 예술을 통해 초월하는 서사가 선명하게 살아있다. 감정의 밀도가 높고 대상에 대한 존경이 진솔하게 드러나며, 프리다 칼로의 예술혼을 '자화상'이라는 핵심 이미지로 잘 응축하고 있다. 이 시는 프리다 칼로의 생애를 직접 서술하지 않고 그림 속에 녹아든 슬픔과 인내의 결정을 시적 이미지로 압축한다. "깊은 바다가 흐른다", "핏줄이 물방울이 되어 꽃으로 피어난다"는 두 이미지는 프리다 칼로의 예술관을 탁월하게 표현한 부분이다. 고통이 예술로 피어난다는 메시지가 시 전체에 흐르고 있다. 문장 구성은 산문시의 형태를 띠지만 이미지의 밀도가 높아 회화적 성격도 뚜렷하다. "고독한 성찰의 삶"이라는 끝부분이 프리다의 예술적 진정성과 시의 주제를 마무리한다. 이 시는 화자의 「자화상」과 연결됨을 유추할 수 있으며 프리다 칼로의 예술혼과 동일 선상에 놓여진다는 점에서 내재된 불굴의 의지를 읽게 된다.

시인의 하늘에는
맑은 고독이 흐른다

홀로 긴 밤을 지새우며
알맹이로 단단해진
시상의 끝자락

시인의 영혼에는
맑은 눈물이 흐른다

정결한 마음으로
다듬어진 시들이
원고지를 채워 나가고

성령 안에서
빚어진 아름다운 시들이
화려한 날개를 펴고
온 우주로 날아오른다

- 시「시인의 하늘」전문

위 시는 명상적인 시로 읽히며 시인의 존재론과 영적 창작의 본질을 맑고 투명한 언어로 표출하고 있다. 하늘과 고독, 눈물과 빛과 비상의 흐름이 자연스럽게 이어지며, 시를 쓰는 행위를 하나의 영적 창조의 과정으로 형상화하고 있다. 1연에서 "시인의 하늘에는/ 맑은 고독이 흐른다"며 첫 행에서 시 전체의 기조를 결정짓는다. 고독을 '어둠'이 아닌 '맑음'으로 표현한 점이 인상적이다. 이는 시인의 내면세계를 단순한 외로움이 아니라, 정화된 영혼의 공간으로 해석하는 것으로 보인다. 2연에서 "알맹이로 단단해진/ 시상의 끝자락"은 시인이 고통을 통과하며 얻은 정신의 결정체를 상징한다. 마지막 연에서 "성령 안에서/ 빚어진 아름다운 시들"이 "화려한 날개를 펴고/ 온 우주로 날아오른다"는 결말은 시를 기도이자 영혼의 확장으로 이끌어내는 종교적이며 우주적 비상의 이미지로 완성시키고 있다. 시적 언어는 시인의 내면적 고독이 창작의 정화 과정을 통해 예술적 초월과 영적 승화의 구조를 보인다. 이는 매우 안정적이며, '하늘'이라는 이미지가 시 전체를 묶는 중심축으로 작동한다. 시어가 투명하고 단정하여 묵상시 혹은 영적인 시로서 완성도를 높이고 있다. 종교적 색채가 있으면서도 누구에게나 공감을 주는 시의 본질로 읽힌다. 이 시는 「자화상」, 「프리다 칼로의 자화상」과 연결하여 함께 읽게 되며 시와 존재, 영혼의 창작이라는 하나의 시적 세계로 연결하고 있다.

   책의 향기가
   폭포수로 쏟아지는
   바티칸 도서관

   꿈의 성지인
   책의 왕국에서
   로마의 문학을 읽는다

   로마의 풍경이
   로마의 역사이고 철학이다

   로마의 봄은
   화사한 문장으로
   새 옷을 갈아입는다

                            – 시 「로마의 봄」 전문

위 시는 로마 여행의 인상과 문학적 사유가 자연스럽게 어우러진 지적 서정시이다. 단순한 감상 여행기가 아니라 로마의 역사, 문학과 문명, 봄의 생명력이 만나는 순간을 포착했다는 점에서 품격 있는 작품이다. 영원한 제국으로 상징되는 로마는 과거와 현재가 살아있는 동시성을 갖는 하나의 거대한 박물관이다. 로마는 무너졌지만 아직도 천년이 살아있는 신화적 실체이다. 이 시는 1연의 '책의 향기'와 '바티칸 도서관'에서 지성적 이미지와 정신의 각성이 미학적으로 재탄생 되고 있다. "책의 향기가/ 폭포수로 쏟아지는/ 바티칸 도서관" 부분은 문학적 은유로 탁월하다. 지식의 성지가 '생명의 폭포'로 그려져 지성의 생명력과 봄의 생명력이 겹쳐진다. 3연의 "로마의 풍경이/ 로마의 역사이고 철학이다"라는 구절은 시의 철학적 중심축이 되고 있다. 로마라는 공간을 넘어서 시간과 사유로 확장되는 구조이다. 마지막 연에서 "로마의 봄은/ 화사한 문장으로/ 새 옷을 갈아입는다"는 계절의 변화는 문학적 정신을 언어의 환유로 우아한 표현이다. '책의 향기', '폭포수', '성지', '왕국' 등 절제된 문장 속에 함축된 상징적 시어들이 시인의 정신세계를 내면화하여 고요하게 이끌고 간다. 각 연의 핵심인 책의 향기, 꿈의 성지, 역사와 철학, 봄의 재탄생의 구조가 사유의 여정으로 읽히며, 시인의 교양과 내면의 품격이 자연스럽게 드러난다. 이 시는 지성적 우아함과 예술적 품위가 돋보이는 작품이다.

4.
시인에게 시란 무엇인가. 시인은 보이지 않는 것을 보고 들리지 않는 것을 들으며 그 깊은 사유를 전달하는 언어 예술가이다. 그 전달방식은 직접 말하지 않고 비유와 상징과 이미지로 감정을 드러낸다. 말할 수 없는 것을 말하는 시인은 가슴 깊은 곳에서 침묵의 꽃을 피워낸다. 침묵의 꽃은 조용하면서 하늘의 천둥소리와도 같이 타인의 내면을 울려 감동으로 전율하게 한다. 프리다 칼로의 자화상과 같이 시는 시인을 비추는 거울이다. 시인은 시 속에서 자신을 발견한다. 존재의 의미를 물으며 자신을 성찰하고 상처를 치유하며 세상과 연결하여 소통한다. 수천 년 전 이미 소크라테스는 "너 자신을 알라"고 했다. 자기 인식의 출발에서 시작된 자아의 발견은 외부세계의 지식을 쌓는 것보다 자신의 무지를 자각하므로 내면을 성찰하는 행위로 이어진다.

  선유미 시인의 시들은 자연 속에서 경이로움을 보고, 가족애를 통해 삶의 소중함을 깨닫는 것에서 시의 세계가 출발하고 있다. 여행 작가인 시인은 세계여행 속에서 내면의 세계를 확장하고 있으며 낯선 풍경 속에서 타인의 문화와 삶의 방식을 접하면서 인식의 지평을 넓혀 세상을 보는 눈이 깊어진다. 자아를 인식하고 진리를 확인하며, 영혼을 기억하는 이데아적 세계의 명상으로 확장된다. 시인은 생각하므로 존재한다. 모든 것을 의심하더라도 '의심하는 나 자신'은 의심할 수 없으므로, 자아인식은 확실성의 근거이자 존재의 중심이 된다. 고로 시인의 자아는 사유하는 주체이다. 우리가 세계를 인식할 수 있는 것은 감각뿐만 아니라 '인식하는 형식'으로서의 자아가 있기 때문이다. 니체는 "자아는 고정된 실체가 아니라 여러 본능의 역동적 총합"이라고 했다. 해체된 자아, 관계 속의 자아는 끊임없이 변화하고, 자기극복을 통해 다시 생성되는 존재이다. 자아는 고립된 주체가 아니라 세계 속에 던져진 존재로 전체와의 통합된 관계 속에서 자신을 이해할 수 있게 된다. 선택과 행동을 통해 만들어진 존재는 끊임없이 변화하는 인연의 흐름 속에 시인의 자아 '발견'은 곧 자아창조로 이어질 것이다.

  2025년 올해 노벨문학상 수상자 크르스너호르카이는 인간존재에 대하여 "언어와 예술만이 인간의 마지막 빛"을 포착한다고 했다. 선유미 시인의 네 번째 시집 『어머니의 정원』이 한국시단에 빛을 보기 바라며 더 좋은 다음 시 창작을 기대한다.

선유미 네 번째 시집

어머니의 정원

초판 인쇄   2025년 10월 31일
초판 발행   2025년 10월 31일

지 은 이   선유미
펴 낸 곳   도서출판 책나라
등   록   110-91-10104호(2004.1.14)
주   소   ㉾ 03377 서울시 은평구 녹번로 3가길 14,
            라임하우스 1층 101호
전   화   (02)389-0146~7
팩   스   (02)289-0147
홈페이지   http://cafe.daum.net/sinmunye
이메일   E-mail / sinmunye@hanmail.net

값 13,000원

ⓒ 선유미, 2025
ISBN 979-11-92271-57-6

* 이 책 내용의 전부 또는 일부를 재사용하려면
  저작권자와 도서출판 책나라 양측과 협의하여야 합니다.
* 저자와의 협의에 의하여 인지를 생략합니다.
* 파본은 구매 서점에서 교환하여 드립니다.